지렁이 똥을 훔쳐라

 글 김은의   그림 유설화

● 작가의 말 ●

자연의 소중한 친구, 지렁이

비가 많이 내리는 여름이면 유난히 눈에 띄는 생물이 있어요. 꼬물꼬물 꼼지락꼼지락 몸을 줄였다 늘였다 소리 없이 움직이는 땅속 생물, 그 이름은 바로 지렁이지요.

지렁이는 평소 땅속에서 살지만, 비가 내리면 땅 밖으로 나와요. 흙 속에 물이 스며들면 숨을 쉬기 힘들거든요. 그런데 사람들은 지렁이가 눈에 띄면 얼굴을 찌푸려요.

"으윽, 징그러워!"

갈색의 투명하고 꿈틀대는 몸을 가진 지렁이가 꼴도 보기 싫다는 거예요.

하지만 지렁이는 사람들이 생김새를 가지고 이러쿵저러쿵 미워할 생물이 아니에요. 오히려 고마워해야 할 생물이지요.

지렁이는 땅속을 기어 다니면서 딱딱한 흙을 촉촉하고 부드럽게 만들어 줘요. 떨어진 낙엽이나 죽은 동식물을 분해해서 썩게 하고요. 심지어는 사람들이 버린 쓰레기를 먹고 배설하여 거름을

만들기도 해요. 그래서 지렁이가 사는 땅은 건강해요. 공기가 잘 통하고 영양이 풍부해서 식물이 잘 자라지요.

그럼에도 사람들은 지렁이를 무시하고 하찮게 여겨요. 눈여겨보지 않고 그저 겉모습만 보고 더럽고 징그럽다며 고개를 돌리지요. 사람들은 왜 이렇게 지렁이를 미워할까요? 우리가 살아가는 터전인 땅을 살리고 동물들이 먹고 살아가는 식물을 키우며, 자연의 일부로서 제 역할을 하고 살아가는 지렁이와 친구가 될 수는 없는 걸까요?

이 이야기는 그 물음에서부터 시작했어요. 지렁이와 친구 되기! 자연의 친구로 함께 살아가기!

세린이와 하늘이는 어느 날 우연히 농장에서 지렁이를 기르는 괴짜 할아버지를 만납니다. 할아버지는 지렁이와 지렁이 똥을 소중한 보물처럼 여기는데 아이들에게도 지렁이를 기르고 지렁이 똥을 뿌려 감자를 키우라고 강요합니다. 세린이와 하늘이는 그 일을 해낼 수 있을까요?

여러분을 신비에 싸인 지렁이 농장으로 초대합니다. 지렁이를 미워하지 않고 친구가 되고 싶은 마음만 있으면 누구나 환영입니다.

자, 어서 오세요. 자연의 소중한 친구 지렁이가 여러분을 기다리고 있습니다.

동화작가 김은의

● 차례 ●

작가의 말 자연의 소중한 친구, 지렁이

끔찍한 하굣길 8
🌱 비가 오면 지렁이는 왜 땅 밖으로 나올까?
🌱 음식물 쓰레기를 먹는 지렁이

첫 번째 임무, 지렁이 분양 받기 24
🌱 할아버지의 지렁이 강의 : 지렁이는 음식물 쓰레기 해결사
🌱 지렁이 똥이 최고야!

똥이라고 다 같은 똥이 아니다 38
🌱 하늘이의 지렁이 수첩 : 지렁이는 어떤 동물일까?

다윈의 뒤를 이은 지렁이 연구가라고? 54
- 지렁이의 사촌, 거머리와 갯지렁이
- 과학자들의 지렁이 사랑

감자 싹을 끌어올린 분변토 70
- 할아버지의 지렁이 강의 : 지렁이가 많이 사는 흙에서는 농작물이 잘 자란다!

지렁이 똥은 힘이 세다 86
- 세린이의 지렁이 수첩 : 지렁이가 사는 법
- 지렁이 몸에 대한 궁금증

끔찍한 하굣길

"어휴, 이놈의 지렁이! 정말 싫어."

집으로 돌아오는 길, 세린이는 몸서리를 쳤다. 종일 비가 주룩주룩 내리더니, 길바닥 여기저기 지렁이 천지였다.

꼼지락꼼지락, 꿈틀꿈틀.

지렁이를 보는 것만으로도 역겨워서 토가 나오려고 했다. 어른들은 이런 속도 모르고 지렁이가 있건 말건 신경 쓰지 말고 그냥 지나치라고 한다. 선생님은 한술 더 떠서 지렁이를 '환경 지킴이'라고 치켜세웠다. 땅이 숨을 쉬게 해 준다나 뭐라나.

'쳇, 그러면 뭐해. 못생겨서 눈 뜨고는 봐 줄 수가 없는걸.'

세린이는 입을 삐죽이며 지렁이를 피해 걸었다. 지렁이는 세린이가 이 세상에서 가장 싫어하는 동물 중 하나다. 징그러운 뱀, 해충인 모기나 각다귀도 싫지만, 지렁이와는 비교할 바가 아니다. 누군가 왜 그러느냐고 지렁이가 무얼 그리 잘못했느냐고 따져 묻는다면, 그건 잠깐 생각해 봐야겠다. 하지만 누구나 주는 것 없이 밉고 꼴도 보기 싫은 게 있지 않나? 세린이에게 지렁이는 딱 그런 동물이다.

"못생겼으면 얌전히 땅속에나 있을 것이지 뭐하러 나왔담."

세린이 말에 희주가 맞장구를 쳤다.

"맞아. 지렁이는 아무리 좋게 봐 주려고 해도 봐

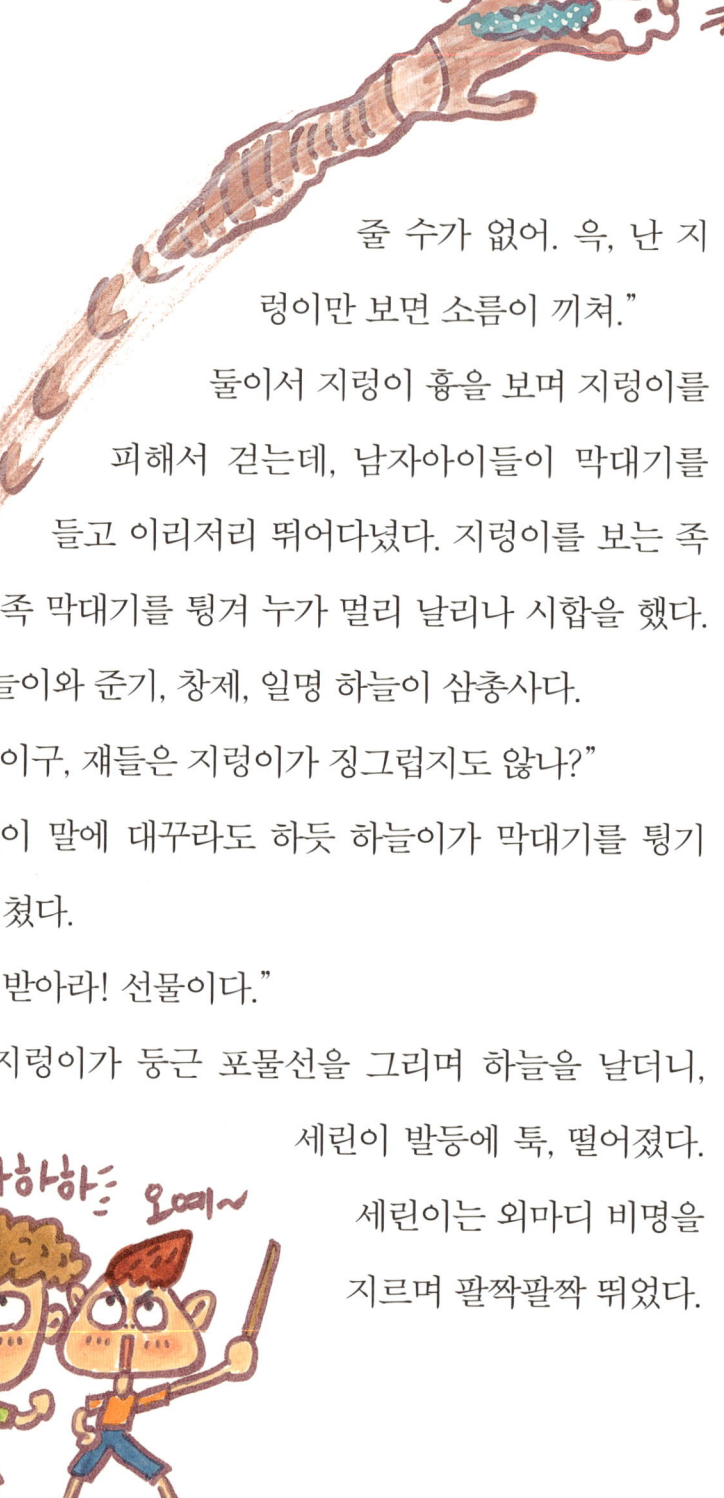

줄 수가 없어. 윽, 난 지렁이만 보면 소름이 끼쳐."

둘이서 지렁이 흙을 보며 지렁이를 피해서 걷는데, 남자아이들이 막대기를 들고 이리저리 뛰어다녔다. 지렁이를 보는 족족 막대기를 튕겨 누가 멀리 날리나 시합을 했다. 하늘이와 준기, 창제, 일명 하늘이 삼총사다.

"어이구, 쟤들은 지렁이가 징그럽지도 않나?"

세린이 말에 대꾸라도 하듯 하늘이가 막대기를 튕기며 소리쳤다.

"자, 받아라! 선물이다."

지렁이가 둥근 포물선을 그리며 하늘을 날더니, 세린이 발등에 툭, 떨어졌다. 세린이는 외마디 비명을 지르며 팔짝팔짝 뛰었다.

"으, 윽, 지, 지렁이!"

하늘이는 과녁을 맞힌 양궁 선수처럼 환호성을 지르며 도망쳤다.

"야호! 맞혔다."

세린이 발등에 떨어진 지렁이는 거꾸로 뒤집혀 버둥댔다. 지렁이 배는 등보다 더 징그러웠다. 투명해서 뱃속이 다 들여다보였다.

"웩!"

세린이는 하늘이를 쫓아가며 소리쳤다.

"야, 지렁이 같은 놈. 너, 거기 안 서!"

하늘이는 '걸음아, 날 살려라.' 하며 발바닥이 안 보이게 달렸다. 준기와 창제도 덩달아 달렸다. 세린이는 하늘이를 끝까지 뒤쫓았다. 준기와 창제는 뒤로 처졌다. 궁지에 몰린 하늘이가 농장 울타리로 숨어들었다.

"거기로 가면 내가 못 잡을 줄 알아? 지옥 끝까지라도 쫓아갈 거거든."

세린이도 하늘이를 따라 농장 울타리 구멍 사이로 들어갔다. 그런데 세린이의 눈앞에 펼쳐진 농장은 농작물이 자라는 보통의 농장이 아닌 것 같았다. 안쪽에는 비닐하우스가 있고 농장 가운데에는 나무 상자가 줄지어 놓여 있었다. 그리고 반듯반듯한 땅에 숫자가 쓰인 푯말들이 세워져 있는 게 보였다.

"무슨 실험장도 아니고 웬 푯말이지?"

세린이가 잠시 푯말들을 살피는 사이, 하늘이가 뒤를 돌아보았다. 세린이는 그 순간을 놓치지 않고 신발주머니를 던졌고, 하늘이는 날아오는 신발주머니를 피하다가 나무 상자에 걸려 넘어지고 말았다.

"으악!"

그때, 천둥 같은 소리가 들렸다.

웬 놈이냣!!

"웬 놈이냐?"
비닐하우스 안에서 밀짚모자를 쓴 할아버지가 뛰쳐나왔다. 할아버지는 눈을 가늘게 뜨고 하늘이를 보더니 조심스럽게 상자 안을 살폈다. 세린이도 상자 안을 들여다보았다.
"윽, 지, 지렁이!"

지렁이가 꿈틀대고 있었다. 수백, 아니 수천 마리도 넘을 것 같았다. 세린이는 얼굴이 하얗게 질려서 뒤로 몇 발자국 물러났다.

'여, 여기가 혹시 지, 지렁이 농장?'

언젠가 선생님이 호주에 지렁이 농장이 있다고 했다. 사람들이 버린 엄청나게 많은 음식물 쓰레기를 먹어 치운다나? 선생님은 지렁이 농장이 지구를 살리고 환경을 지킨다고 소개했다.

'여기도 지렁이 농장? 설마? 우리나라에도 있다는 말은 안 했는데……'

세린이는 고개를 절레절레 흔들며 할아버지를 봤다. 할아버지는 중요한 증거물을 감추는 범인처럼 꼼꼼하게 흙을 덮었다. 지렁이는 감쪽같이 흙 속으로 숨어 버렸다.

'후유~ 다행이다.'

지렁이가 눈앞에 안 보이기만 해도 살 것 같았다.

그런데 할아버지가 풋말 사이에서 신발주머니를 집어 들더니 거기 붙은 이름표를 천천히 읽었다.

"3학년 4반 강세린."

'앗, 내 신발주머니!'

가슴이 두근댔지만, 손을 내밀었다.

"신발주머니 돌려주세요. 제 거예요."

할아버지가 야릇한 미소를 지으며 말했다.

"세상에 공짜는 없는 법이지. 일을 저질렀으면 대가를 치러야지."

그러고는 신발주머니 안을 들여다보았다.

"아, 안 돼!"

세린이는 외마디 비명을 질렀다. 신발주머니 안에는 도서관에서 빌린 《미생물 탐정과 곰팡이 도난 사건》이 들어 있었다. 책가방을 열기 귀찮아서 책을 신발주머니에 넣어 두었던 것이다. 엄청나게 인기가 많은 책이라서 예약까지 해서 빌린 건

데 빼앗기면 큰일이다.

할아버지가 보란 듯이 책을 꺼내 들고 말했다.

"이건 내가 보관하마. 임무를 완수할 때까지."

"네? 하, 하지만, 그, 그건 도서관에서 빌린 책이란 말이에요."

"그럼 더 잘됐구나. 도서관 책은 반드시 반납해야 할 테니."

"그런 게 어디 있어요? 돌려주세요."

"그렇게는 안 되지."

할아버지는 약을 올리듯이 빙그레 웃었다. 세린이는 어쩔 수 없이 임무를 물었다. 할아버지가 그러면 그렇지, 하는 표정으로 대답했다.

"첫 번째 임무는 지렁이 기르기, 두 번째 임무는 지렁이가 싼 똥으로 식물 기르기, 세 번째 임무는 지렁이 일지 쓰기. 어때? 그리 어려운 일은 아니지?"

"네?"

세린이는 자기 귀를 의심했다. 세상에! 징글징글 소름 돋는

지렁이를 기르고, 그 더러운 똥으로 식물을 기르다니? 그것도 이 세상에서 지렁이를 가장 싫어하는 강세린이? 하늘이 두 쪽 나도 그런 일은 못 한다. 강세린의 사전에 지렁이란 없다!

세린이는 마음을 굳게 먹었다. 도서관 책을 호락호락 빼앗겨서는 절대 안 된다.

"하지만 그건 제가 빌린 책이에요. 일을 저지른 건 쟤, 하늘이고요."

일단, 모든 책임을 하늘이에게 떠넘겼다. 하늘이는 고개를 푹 숙인 채 말이 없었다. 지렁이 상자에 얼굴을 박은 게 아무래도 찜찜한 모양이었다.

'쌤통이다! 그렇게 당해 봐야 정신을 차리지. 내 발등에 지

렁이가 떨어졌을 때 어떤 기분이었을지, 이제 알겠지?'

할아버지가 말했다.

"그럼 둘이 같이하면 되겠군. 어쨌거나 저 아이가 넘어진 건 너 때문이니까."

"그런 억지가 어디 있어요?"

세린이는 포기하지 않고 따졌다. 하지만 할아버지는 고집불통에 쇠고집이었다. 전혀 먹혀들지 않았다.

"내가 백번 양보해서 둘이 서로 돕는 건 허락하지. 하지만 더 이상은 안 돼. 오늘은 그만 돌아가도록!"

말을 마친 할아버지는 책을 가지고 비닐하우스 안으로 들어가 버렸다.

찰칵.

비닐하우스 문은 아무리 흔들어도 열리지 않았다. 하늘이가 사과했다.

"미안해. 오늘은 어떻게 해도 안 될 것 같아. 내일 다시 오자. 내가 도와줄게."

세린이는 비닐하우스 앞에서 발을 동동 굴렀다.
"몰라, 네가 책임져. 난 못 해. 엉엉."

음식물 쓰레기를 먹는 지렁이

첫 번째 임무, 지렁이 분양 받기

"책 돌려주세요."

세린이는 최대한 침착하게 말하려고 애썼다. 할아버지 눈은 냉정했다. 흔들림이라곤 없어 보였다.

"뭐해? 빨리 책 돌려 달라고 너도 말해."

하늘이를 다그치며 할아버지 눈치를 살폈다. 하늘이가 마지못해 입을 열었다.

"책 돌려……."

그러나 할아버지는 딱딱한 목소리로 하늘이의 말을 가로막았다.

"책은 임무를 완수한 후에 돌려준다고 했을 텐데. 책을 받아가려면 하라는 대로 하는 게 좋을 거야."

"하지만……."

세린이는 볼을 부풀렸다. 아무리 생각해도 할아버지 행동은 부당했다. 경찰에 신고할까? 아무래도 할아버지는 벌을 받아야 마땅할 것 같다. 이대로 당할 수만은 없다.

세린이 표정이 심상치 않았는지 할아버지가 목소리를 누그러뜨렸다.

"편하게 생각하거라. 지렁이를 기르는 일은 그리 어렵지 않으니까. 우리가 사는 지구 환경을 이해하는 데도 도움이 될 거란다."

'어휴, 내가 못 살아. 또 그놈의 환경 타령

책... 돌려.. 주...

이지. 그깟 지렁이 아니어도 지구 환경 충분히 이해할 수 있거든요.'

세린이는 푸 한숨을 내쉬었다. 하늘이가 별수 없다는 듯이 앞으로 쓱 나섰다.

"좋아요, 어떻게 하면 되죠? 대신 임무 완수하면 책은 꼭 돌려주세요. 저도 그 책 빨리 보고 싶단 말이에요."

"진즉 그렇게 나올 것이지."

할아버지가 싱긋 웃으며 나무 상자 두 개를 내밀었다.

"일단 상자에 흙부터 담아. 지렁이는 흙이 있고 공기만 잘 통하면 어디서든 잘 사는 기특한 녀석들이니까, 나중에

집에서도 기르려면 순서를 익혀 두는 게 좋을 거야."

흙은 농장 한쪽 구석에 쌓여 있었다. 세린이는 속으로 할아버지 말을 비웃었다.

'흥! 정신이 나가지 않는 이상, 누가 집에서 지렁이를 기른담? 강아지도 고양이도 아닌 지렁이를!'

하늘이는 할아버지가 하라는 대로 나무 상자에 흙을 퍼 담았다. 그러나 세린이는 흙을 만지고 싶지 않았다. 머릿속은 오직 책 생각뿐이었다. 두 손가락으로 흙을 아주 조금씩 집어 상자에 던졌다. 할아버지가 그 모습을 못마땅하게 바라보더니 비닐하우스 안으로 들어가 고무장갑을 꺼내 왔다.

'분명히 저 안에 있을 텐데……'

세린이는 비닐하우스 출입문을 눈여겨봐 두었다. 할아버지가 흠, 헛기침하며 고무장갑을 내밀었다. 세린이는 고무장갑을 받아 끼고 상자에 흙을 퍼 담았다. 상자에 흙이 2/3 정도 차자, 할아버지가 말했다.

"자, 이제 지렁이를 넣는 거야."

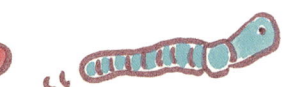    

세린이는 속이 부글부글 끓었다. 아무리 고무장갑을 끼었다고 해도 지렁이를 만질 수는 없었다.

'죽었다 깨어나도 그런 짓은 못 해!'

할아버지는 뭐가 그리 좋은지 싱글벙글했다.

"지렁이 농장의 새로운 손님이라…… 감개가 무량하구나."

"감개가 뭐라고요?"

하늘이가 고개를 갸웃하며 되묻자, 할아버지가 껄껄 웃으며 말했다.

"감개가 무량하다고. 기분 좋다는 뜻이야. 겨우내 애지중지 기른 지렁이들을 분양하는 거거든."

하늘이는 고개를 끄덕였지만, 세린이는 모든 게 싫었다. 어떻게든 책을 찾아 빨리 도망치고 싶었다.

'책만 찾는다면…… 앞으로 평생 이 농장 근처에는 얼씬도 하지 않을 거다. 지렁이 같은 건 머릿속에서 싹 지워 버리고 지렁이 없는 세상에서 편안히 살 거다. 비가 와도 지렁이가 나오지 않는 행복한 세상에서!'

그러나 할아버지는 세린이 마음을 몰라도 너무 몰랐다. 할아버지 머릿속은 오직 지렁이뿐인 것 같았다.

"자, 봐라."

너무도 다정한 목소리에 세린이는 그만 못 볼 것을 보고 말았다. 꿈틀대는 수만 마리의 지렁이 떼!

"으악!"

세린이는 눈을 질끈 감고 입을 틀어막았다. 할아버지가 흙을 살살 파헤치며 말했다.

"자, 이제 이 지렁이들을 옮겨 담는 거야. 천 마리 정도면 될까?"

"네에?"

이번에는 하늘이도 놀라 자빠졌다. 세린이는 숨이 컥, 막혀 버렸다. 할아버지가 눈을 감았다가 뜨며 말했다.

"너무 적어서 그러나? 이왕 키우는 거 만 마리 정도도 괜찮은데……, 분양은 얼마든지 가능하니까."

세린이는 그만 기가 질려 아무 말도 못 했다. 하늘이가 눈을 크게 뜨고 두 손을 내저었다.

"아니에요, 할아버지. 그냥 백 마리 정도만 키울게요."

"그래? 처음이니까, 그 정도로 시작하는 것도 괜찮지."

'어휴, 지렁이가 백 마리라니! 끔찍하다, 끔찍해.'

세린이는 속으로 혀를 내둘렀다.

할아버지는 신바람이 난 목소리로 흙을 담은 상자에 지렁이를 옮겨 담으라고 했다. 그러나 하늘이도 차마 맨손으로 지렁이를 만질 엄두는 나지 않는 모양이었다. 몇 번이나 뒷덜미를 긁적이더니 세린이를 보고 말했다.

"세린아, 고무장갑 좀 줘. 그럼 네 것까지 내가 옮겨 줄게."

세린이는 고개를 돌리고 하늘이에게 고무장갑을 건넸다. 하늘이는 고무장갑을 끼고 지렁이를 옮겼다. 지렁이들이 몸을 비비 틀면서 몸부림을 쳤다. 할아버지가 옆에서 잔소리했다.

"살살해, 살살. 부드러운 지렁이 몸이 상하지 않도록, 살살."

하늘이는 얼굴이 험악하게 구겨지긴 했지만, 할아버지가 그만하라고 할 때까지 지렁이를 옮겼다.

"이제 지렁이 위에 흙을 덮어."

하늘이 이마에 굵은 땀방울이 맺혔다.

"이제 물을 좀 뿌려 주고 가만히 놔둬라. 안정이 필요하니까. 먹이는 3~4일 후부터 주면 돼."

할아버지 말에 하늘이가 물었다.

"지렁이는 뭘 먹어요?"

할아버지가 물뿌리개를 건네며 대답했다.

"나뭇잎, 과일 껍질, 음식 찌꺼기 같은 것들을 먹지."

"으악, 더러워."

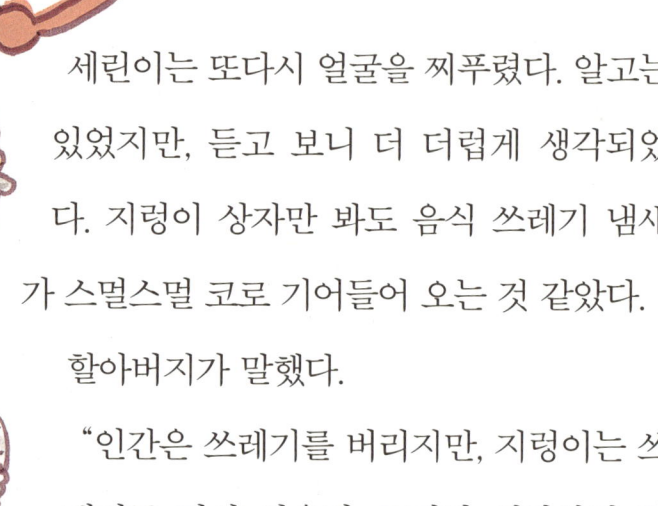

세린이는 또다시 얼굴을 찌푸렸다. 알고는 있었지만, 듣고 보니 더 더럽게 생각되었다. 지렁이 상자만 봐도 음식 쓰레기 냄새가 스멀스멀 코로 기어들어 오는 것 같았다.

할아버지가 말했다.

"인간은 쓰레기를 버리지만, 지렁이는 쓰레기를 먹어 치우지. 그것만 생각하면 절이라도 해 주고 싶은 고마운 지렁이야."

'어련하시겠습니까?'

세린이는 머릿속에 쓰레기를 먹는 지렁이가 떠올라 더욱 비위가 상했다. 할아버지는 역시 눈치코치가 없어도 너무 없었다. 그게 무슨 자랑스러운 일이라고 지저분한 소리를 또 늘어놓았다.

"지렁이가 하는 일은 먹고 싸는 일이지. 먹고 싸고, 먹고 싸고. 지렁이가 쓰레기를 먹으면 하루도 안 되어 좋은 거름이 되어 나오는 거야. 땅속에 묻으면 십 년, 백 년 걸려 썩을 게, 하루 만에 거름이 되어 나오니 얼마나 고마워!"

'퍽이나 고맙겠습니다.'

세린이는 입술을 실룩이며 비닐하우스 쪽을 기웃거렸다. 빨리 책을 찾아 이 지긋지긋한 지렁이 소굴에서 벗어나야 했다. 하늘이는 요리조리 지렁이 상자를 들여다봤다.

"정말 이 상자에서 지렁이가 살 수 있을까? 신기하다."

'어휴, 신기할 게 따로 있지. 지렁이가 어디서 산들 그게 무슨 상관이람.'

세린이가 하늘이를 향해 눈을 흘기는

데, 할아버지가 성큼성큼 걸어왔다.

"오늘 일은 끝났으니 그만 가 봐라. 내일은 감자를 심을 테니까, 그리 알고."

세린이는 화들짝 놀라 되물었다.

"감자요?"

"벌써 잊었니? 두 번째 임무, 지렁이가 싼 똥으로 식물 기르기! 마음 같아서는, 너희가 직접 기른 지렁이가 싼 똥을 이용하라고 말하고 싶지만 어쩌겠니? 책을 반납하는 기한이 있으니, 내가 좀 봐줘야지. 그동안 내가 아끼고 모아 둔 지렁이 똥을 특별히 제공해 줄 테니까, 잘 심고 가꿔 봐."

할아버지는 숫제 선심을 쓰듯이 말했다. 세린이는 그런 할아버지가 더욱 얄미웠다. 일을 시키려면 약이나 올리지 말든지! 그런데 할아버지는 아직도 부족하다는 듯이 한술 더 떴다.

"삼사일 뒤부터는 음식 쓰레기를 가져와야 하니까 마땅한 그릇을 챙겨 두는 게 좋을 거야. 갑자기 찾으려면 눈에 잘 안 띄는 법이거든."

"네? 음식 쓰레기라고요?"

세린이가 깜짝 놀라자, 할아버지가 심각한 목소리로 말했다.

"아니, 그 정도도 예상하지 못했단 말이니? 지렁이를 기르려면 먹이를 주는 것은 당연하지."

'갈수록 태산'이란 말이 무슨 뜻인지, 이제 세린이도 알 것 같았다.

'이러다 책은 찾지 못하고 음식 쓰레기나 들고 다니며 지렁이 똥이나 치우면서 살아야 하는 건 아닌지 몰라.'

진짜 걱정이 태산이었다.

'뭔가 방법을 찾아야 해. 이대로 당할 수만은 없어. 암, 없고 말고.'

할아버지의 지렁이 강의

지렁이는 음식물 쓰레기 해결사

지렁이는 많이 먹으면 하루에 제 몸무게만큼도 먹을 수 있는데, 먹은 만큼 거름을 만든단다. 지렁이 몸무게는 0.4g~0.5g 정도이기 때문에 지렁이가 1,000마리면 400~500g 정도의 음식 쓰레기를 먹어 치우지. 덕분에 우리는 하루에 그만큼의 음식 쓰레기를 줄일 수 있고, 거름까지 얻을 수 있으니 일거양득이란다.

그럼 집에서 기를 지렁이 상자를 만들어 볼까?

지렁이를 기를 때 필요한 준비물

스티로폼 상자나 항아리, 화분도 좋다.

지렁이를 키울 상자

지렁이는 어두운 곳을 좋아한다. 빛이 들어가지 않도록 신문이나 다른 상자 혹은 모기장 같은 것으로 덮어야 한다.

상자를 덮을 뚜껑

상자의 2/3 가량 채울 양이면 적당하다.

흙

지렁이가 살기에는 15℃~25℃ 정도의 온도가 좋다.

흙 속에 묻어 둘 온도계

지렁이

나뭇잎

음식 쓰레기를 줄 때, 끼면 편리하다.

고무장갑

흙이 촉촉하도록 물을 뿌릴 때 사용한다.

물뿌리개

모종삽이나 호미

흙을 팔 때 쓴다. 끝이 뾰족하면, 지렁이가 다칠 수 있으니 뭉툭한 게 좋다.

집에서 기르는 상자 만들기

❶ 나무 상자에 2/3 정도가 찰 때까지 흙을 담는다.
❷ 그 위에 지렁이를 넣는다.
❸ 지렁이 위에는 흙이나 나뭇잎을 덮어 준다.
❹ 지렁이가 먹을 음식물 쓰레기를 상자 안에 넣어 준다.
❺ 그런 다음 기다리면, 지렁이가 음식물 쓰레기를 먹고 영양이 풍부한 거름을 만들어 낸다.

지렁이 똥이 최고야!

- 지렁이 똥은 화학 비료보다 잎과 뿌리를 더 잘 자라게 해 줘요.
- 흙 속에 수분과 영양을 더 품게 해요.
- 줄기가 튼튼하니 병충해에도 거뜬하다고요.
- 지렁이 똥은 우리의 보배예요.
- 햇빛, 물과 함께 생명의 은인이죠.

우리에게 최고의 음식은 지렁이 똥이에요!

똥이라고 다 같은 똥이 아니다

아침부터 교실이 시끌시끌했다. 하늘이가 친구들에게 지렁이를 기르게 되었다고 자랑하는 중이었다.

"사실 나도 처음에는 끔찍했거든. 지렁이가 구불구불 움직이면서 손등을 탁 칠 때는……."

"손등을 탁 칠 때는?"

준기와 창제는 하늘이 말을 따라 하며 침을 꼴깍 삼켰다.

"차갑고 섬뜩해서

숨을 쉬기도 힘들었어."

하늘이는 그때 생각만 하면 오소소 소름이 돋는다는 듯이 진저리를 쳤다. 준기와 창제는 세상에서 가장 재미난 이야기를 듣는 것처럼 하늘이 곁에 바짝 붙어 서서 "그래서?"를 연발했다.

"내가 한 상자만 담았으면 말도 안 해. 세린이가 자기는 못한다고 징징대는 통에 두 상자를 담았다는 거 아냐. 두 상자를 말이야."

"우아, 대단하다. 대단해!"

하늘이 삼총사는 지렁이 농장 이야기로 시간 가는 줄 몰랐다. 세린이는 일일이 대꾸할 수 없어 종일 귀를 막고 지냈다. 희주는 그런 속도 모르고 쉬는 시간마다 정말 지렁이를 기르게 되었냐고 꼬치꼬치 캐물었다. 학교에서까지 지렁이, 지렁이 농장! 정말

이지, 지렁이의 '지' 자만 들어도 신물이 날 정도였다. 하지만 피할 수 없었다. 어떻게든 책을 찾아야 했다.

세린이는 학교가 끝나자마자, 농장으로 달려가서 비닐하우스 주변을 맴돌며 기회를 엿봤다.

할아버지는 그런 속도 모르고 지렁이 똥을 한 주먹 집어 들고 자랑스럽게 말했다.

"자, 이게 바로 지렁이가 싼 똥, 분변토라는 거다. 어때? 가무잡잡한 게, 한눈에도 영양 덩어리란 게 느껴지지?"

세린이는 건성으로 고개를 끄덕이며 마스크를 꺼냈다. 지렁이 똥으로 식물을 기른다는 말을 듣고 나서 만약을 대비해 준비했다. 개똥, 소똥, 말똥, 염소 똥, 사람 똥……. 세린이가 알고 있는 모든 똥은 냄새가 지독하니까, 지렁이 똥도 틀림없이 그럴 거라 생각하고 챙겨 다녔다.

그러나 지렁이 똥은 보통의 똥과는 달랐다. 우선 냄새가 전혀 나지 않았다. 그 점은 뭐 썩 괜찮았다. 그리고 똥이라기보

다는 몽글몽글한 흙 같았다. 만지면 부스러질 것 같은 고운 흙 같았다. 그렇다고 똥을 만질쏘냐? 그건 어림없는 소리다. 아무튼 지렁이 똥도 똥이다!

세린이는 지렁이 똥을 노려보며 입술을 실룩거렸다. 하지만 하늘이는 세린이와는 생각이 다른 것 같았다. 할아버지 옆에서 부지런히 분변토를 뿌리더니, 밭고랑 만드는 것까지 거들었다.

"할아버지, 저는 이런 흙 처음 만져 봐요. 진짜 부드럽네요."

'더러운 자식, 똥을 찰흙처럼 만지는군.'

세린이가 속으로 욕을 하는데, 하늘이가 세린이를 불렀다.

"야, 강세린. 이리 와서 만져 봐. 생각했던 거랑 달라."

"흥, 다르긴 뭐가 달라? 똥이 똥이지, 만진다고 금이 되니, 은이 되니?"

세린이는 팔짱을 끼고 서서 움직이지 않았다. 하늘이가 다시 한 번 설득했다.

"정말이야, 똥이라도 다 같은 똥이 아니라니까. 지렁이 똥은 달라."

"그러니까 혼자 다 하라고. 난 관심 없으니까."

세린이가 톡 쏘아 붙이자 하늘이가 무안한 듯 고개를 돌렸다. 할아버지도 열심이었다. 고개 한 번 들지 않고 지렁이 똥이 무슨 소중한 보물이라도 되는 것처럼 만지작만지작, 토닥토닥, 부지런히 손을 움직였다.

'바로 지금이야.'

최대한 몸을 숨기고 한 발 한 발 비닐하우스 안으로 들어섰다. 머리끝이 쭈뼛쭈뼛 서는 것 같았다. 가슴은 벌렁대고, 다리는 후들거렸다.

비닐하우스 안은 꽤 넓었다. 가장자리에는 괭이나 삽, 호미 같은 농기구가 보였고 나무 상자가 꽤 높이 쌓여 있었다. 경운기도 있고, 곡식 자루 같은 것도 흩어져 있었다.

"저런 데는 없을 테고……."

세린이는 좀 더 안쪽을 살폈다. 가장 안쪽에 할아버지가 쉬는 곳으로 보이는 평상이 보였다. 평상에는 컴퓨터가 있고 수많은 파일과 책들이 쌓여 있었다. 꽤 두껍고 어려워 보이는 책들이었다.

"어, 컴퓨터까지? 지렁이만 좋아하는 줄 알았는데 컴퓨터도 할 줄 아시나?"

세린이는 의아한 마음으로 평상 주위를 살폈다. 방석을 들춰 보고, 책 더미를 꼼꼼히 살피고, 평상 아래도 들여다봤다.

"여기 어디쯤 있을 것 같은데……."

하지만 《미생물 탐정과 곰팡이 도난 사건》은 눈을 씻고 찾아도 보이지 않았다.

'도대체 어디에 숨긴 거야?'

다시 한 번 컴퓨터 주변을 살피는데, 할아버지의 헛기침 소리가 들렸다.
"흠!"
세린이는 뒤지던 걸 멈추고 잽싸게 출입문을 향해 뛰었다. 어느새 할아버지가 출입문 앞에 서 있었다.
"여기서 뭐 하는 거지?"

세린이는 당황해 말을 더듬었지만, 곧 위기를 모면할 단어를 찾아냈다.
"그, 그러니까 화, 화장실을 찾고 있었

어요. 화, 화장실이 어디에요?"

할아버지가 못 믿겠다는 표정으로 고개를 갸웃하며 농장 끝에 보이는 임시 화장실을 가리켰다. 세린이는 숨을 길게 내뿜으며 화장실 쪽으로 걸음을 뗐다. 할아버지가 세린이 뒤통수에 대고 말했다.

"얼른 다녀와. 감자 심어야 하니까."

세린이는 가고 싶지도 않은 화장실을 천천히 다녀왔다.

그 사이, 하늘이는 고랑을 다 만들어 놓고 세린이를 기다리고 있었다. 할아버지가 감자 심는 시범을 보였다.

"자, 감자는 이렇게 심는 거야. 먼저, 두둑을 파고 감자 조각을 넣은 다음, 흙을 잘 덮어 주는 거지."

세린이는 손가락 끝으로 감자 조각을 들어 잘 살펴봤다. 감자 조각 하나하나마다 작은 점 같은 초록색 싹이 돋아나고 있었다. 그러니까 감자는 통으로 심는 게 아니라, 조각으로 잘라 심는 거였다.

"그 싹이 자라서 땅을 뚫고 나오고, 햇빛과 물, 땅속의 영양

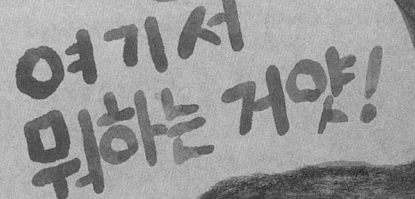
여기서 뭐하는 거야!

분을 받아들여 감자를 키우지. 세린이 너는 지렁이도 분변토도 싫어하니까, 그냥 이쪽 맨땅에 심으렴."

할아버지 말에 세린이는 할아버지가 가리키는 땅을 보았다. 분변토를 뿌린 땅과는 달리 붉은색을 띠었다.

'맨땅이라면 뭐, 못 심을 것도 없지. 지렁이 똥이 뭐 별거야? 그거 안 뿌린다고 자랄 감자가 안 자라겠어?'

세린이는 잠시 '지나친 자만인가?' 하는 생각이 들었지만, 먼저 면장갑을 끼고 그 위에 고무장갑을 끼었다. 어쨌든 책을 찾을 때까지는 버텨야 하니까, 할 수 있는 모든 준비를 하고 버텨야 했다.

세린이와 하늘이가 감자를 다 심고 나자, 할아버지는 하늘이가 심은 감자밭에 〈1-1〉이라는 푯말을 세우고, 세린이가 심은 감자밭에 〈1-2〉라

는 푯말을 세웠다. 그러고는 비닐하우스에 들어가 수첩을 꺼내오더니 무언가를 열심히 적었다.

'체, 괜히 잘난 척하기는! 적을 게 뭐가 있다고.'

그 사이에 하늘이는 감자밭에 물을 주었다. 분변토를 뿌린 하늘이의 감자밭은 거무스름하고 맨땅인 세린이 감자밭은 불그스름했다.

할아버지가 말했다.

"오늘은 수고를 많이 했으니, 내 특별 휴가를 주지. 내일과 모레, 이틀은 쉬고 글피에 올 때는 음식 쓰레기를 가지고 오도록 해라. 그때부터는 지렁이 밥을 줘야 하니까."

"아, 정말! 꼭 음식 쓰레기를 가져와야 해요?"

세린이가 화를 내자, 할아버지가 퉁명스럽게 대꾸했다.

"그럼, 지렁이를 굶길 셈이냐?

"주먹만 한 감자가 주렁주렁 달릴 게야!"

"야호, 신 난다~"

과일 껍질이나 채소 껍질 좀 가져오는 게 무슨 대단한 일이라고. 따로 모았다가 작은 통에 담아 오면 아무 일 없어."

'어휴, 내가 못 살아. 감자는 어떻게든 심었지만, 음식 쓰레기는 도저히 못 가져온다.'

세린이는 입을 오리 주둥이처럼 내밀었지만, 하늘이는 고개를 끄덕이며 물었다.

"할아버지, 이 상자에 사는 지렁이들도 음식 쓰레기를 먹으면 분변토를 만들겠죠?"

"그럼! 먹은 만큼 싸지. 지렁이는 정직하거든."

할아버지가 활짝 웃자, 하늘이가 신 나서 물었다.

"감자는 분변토 뿌리면 잘 자라지요? 맨땅에서 자란 것과는 비교가 안 되겠지요?"

"그렇지, 그러니까 네 상자에서 나온 분변토를 잘 이용하도록 해. 주먹만 한 감자가 주렁주렁 달릴 테니."

"네, 할아버지. 고맙습니다."

'잘해 보시지! 그깟 분변토가 감자 제조기라도 되는 모양이지. 감자가 주렁주렁 달리게!'

세린이는 못마땅한 티를 팍팍 내며 거칠게 물었다.

"아, 책은 언제 돌려주실 거예요? 다음 주부터는 연체된단 말이에요."

"글쎄다, 그건 너 하기 나름 아닐까?"

할아버지는 세린이 기분 같은 건 아랑곳하지 않고 심드렁하게 대답하더니 비닐하우스 안으로 들어가 버렸다.

세린이가 책을 포기하고 농장 울타리를 막 빠져나올 때였다. 〈우리 동네 소식〉 신문 기자인 이모가 카메라

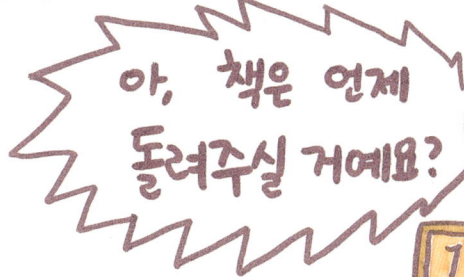

를 메고 지나가는 게 보였다. 세린이는 이모를 보자마자, 번개처럼 번쩍, 어떤 생각이 머릿속을 훑고 지나갔다.

"이모!"

"어, 세린아!"

이모가 깜짝 놀라며 반갑게 인사했다.

"너, 여기 농장에서 나오는 거야?"

"응. 근데 이모, 여기 농장 할아버지 정말 이상해. 지렁이를 길러."

"지렁이를?"

"응, 게다가 나한테도 기르라고 강요해. 도서관 책도 뺏어 가고 일도 시키고 음식 쓰레기를 가져오래. 이모, 이런 사람은 경찰에 신고해야 하는 거 아냐?"

"어머, 세상에……. 어쩜 그런 사람이 있다니!"

이모는 흥분해서 찰칵찰칵 농장 울타리를 찍어 댔다.

"우리 세린이 그동안 많이 힘들었겠네. 하지만 이제 걱정하지 마. 이모가 샅샅이 파헤쳐서 실체를 밝혀내고 신고를 하더라도 그때 할 테니까. 이런 일은 어린이보다는 어른이 나서는 게 나아. 애들은 무시당할 수도 있고 무엇보다 옴짝달싹 못 할 증거를  찾아야 하거든. 그러니까 세린아, 잠시만 기다려 줘. 알았지?"

"정말이지, 이모! 약속했다?"

"그럼. 마음 같아서는 당장 쳐들어가고 싶지만 어쩔 수가 없네. 급하게 취재를 가는 길이라."

이모는 바쁘게 걸음을 옮기면서도 아쉽다는 듯 농장을 힐끗거렸다. 세린이는 비로소 마음이 놓였다.

"야호, 살았다."

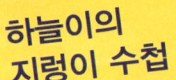

하늘이의 지렁이 수첩

지렁이는 어떤 동물일까?

할아버지를 따라 지렁이를 기르다 보니, 지렁이가 궁금해졌어!

이름 : 지렁이

사는 곳 : 전 세계 흙 속, 축축하고 음침한 곳을 좋아한다.

생김새 : 길고 가늘게 생긴 원통 모양이다. 자세히 보면 얇은 선으로 나뉘어 있는데, 이 선을 체절이라고 부른다.

놀라운 특징 : 살갗이 투명해 속이 들여다보인다. 지렁이 몸의 마디는 늘어나거나 줄어들어서, 길거나 짧게, 얇거나 두껍게 변할 수 있다.

종류 : 환형동물이다. 환형이란, 몸이 고리 모양의 마디로 이루어져 있다는 뜻이다.

지렁이가 움직이는 방법

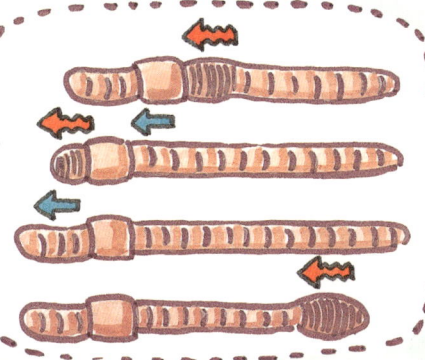

한 마디가 늘어나면 머리가 앞으로 나아간다. 늘어난 마디가 줄어들면 뒷부분의 마디가 당겨진다. 두껍게 오므라든 마디는 땅바닥에 붙어서 닻 구실을 한다.

'센털'도 움직이는 데 도움이 된다. 센털은 눈에 잘 보이지 않지만, 마디마다 붙어 있어 몸통이 미끄러지는 것을 막아 준다. 센털이 있어 앞뒤로 좀 더 부드럽게 미끄러지듯 움직일 수 있다.

센털

지렁이가 꿈틀꿈틀, 꼼지락꼼지락 움직이는 이유

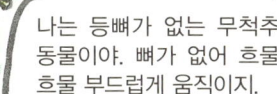
난 폴짝폴짝 뛸 수 있어. 등뼈가 있는 척추동물이거든.

우리도 등뼈가 있는 척추동물이야. 우리가 흔히 보는 고양이, 참새 등이 척추동물이지.

나는 작지만 '뼈대 있는 척추동물' 가문의 자손이지.

나는 등뼈가 없는 무척추동물이야. 뼈가 없어 흐물흐물 부드럽게 움직이지.

나도 무척추동물이야. 하지만 등뼈가 없다고 무척추동물을 얕보면 큰코다칠걸. 척추동물을 제외한 모든 동물이 무척추동물에 속하는데, 전체 동물의 90% 이상을 차지하거든!

다윈의 뒤를 이은 지렁이 연구가라고?

하늘이는 학교가 끝나자마자, 책가방을 둘러멨다.

"이제 곧 감자 싹이 돋을 거야."

준기와 창제가 부러운 눈으로 바라봤다.

"정말? 좋겠다."

"내 감자는 엄청나게 클 거야. 커다란 게 주렁주렁 열릴 테니까!"

하늘이가 두 손을 활짝 펼쳐 축구공만 한 크기를 만들어 보이자, 준기 눈이 동그래졌다.

"그게 가능해?"

"그럼, 분변토에 심었거든. 할아버지가 그러는데, 식물에 분변토는 우리가 먹는 완전식품 같은 거래. 영양이 풍부해서 보통 땅에 심은 것과는 비교가 안 된대."

"우아, 분변토 대단하다!"

창제가 감탄하자, 준기가 부탁했다.

"하늘아, 너 그렇게 큰 감자 많이 캐면 모른 척하기 없기다."

"글쎄, 그건 그때 가 봐야 알지. 나도 고생하며 키운 거라서 함부로 약속하긴 싫거든."

하늘이가 뻐기자, 준기와 창제가 발끈했다.

"뭐야? 친구 좋다는 게 뭐냐?"

"친구가 좋긴 하지만……, 내 감자는 소중하니까."

하늘이가 어깨에 힘을 주고 농장 안으로 들어가자, 준기와 창제는 아쉬운 표정으로 손을 흔들었다.

할아버지는 세린이가 가져온 사과를 보고 입술을 파르르 떨었다.

"이게 지렁이 밥이냐?"

"이 녀석, 이걸 지렁이 밥이라고 가져온 거야?"

하지만 세린이는 기죽지 않았다. 이모만 오면 모든 게 끝날 터였다. 농장의 실체가 속속들이 밝혀지고, 이모는 특종을 잡고, 할아버지는 떨리는 손으로 책을 내밀 것이다.

'세린아, 그동안 미안했다. 이런 걸로 너를 협박하는 게 아니었는데, 어른으로서 못할 짓을 했구나. 진심으로 사과한다.'

'알면 됐어요. 하지만 다시는 이런 허튼수작 부리지 마세요. 이번에는 멋모르고 당했지만, 두 번은 안 당할 테니까요.'

세린이는 하고 싶은 말을 속 시원하게 쏟아 내고 뒤도 돌아보지 않고 농장을 빠져나올 생각이었다. 히히. 그럼 할아버지는 안절부절 어쩔 줄 모르고 허둥대겠지?

'그, 그럼, 지, 지렁이는 누가 키운단 말이냐?'

'누가 키우긴요, 할아버지가 키워야죠. 싫으면 말고요, 누가 지렁이를 키우라고 강요라도 하나요? 지렁이는 정말 웩이라고요!'

세린이는 입안에서 뱅뱅 도는 말들을 꿀꺽 삼켰다. 아무래도 이모가 올 때까지는 참아야 할 것 같았다. 그런 줄도 모르고 눈치 없는 할아버지가 소리를 빽 질렀다.

"왜 대답이 없어? 이걸 정말 지렁이 밥이라고 가져온 거야?"

세린이는 농장 출입구를 살피며 당당히 맞섰다.

"그럼, 어떻게 음식 쓰레기를 들고 와요? 이 사과도 큰 맘 먹고 가져온 거란 말이에요. 지렁이에게 주기에는 너무나 아까운 사과지만."

"그러니까 누가 사과를 가져오래? 사과는 너 먹고 껍질을 가져와야지."

할아버지는 말을 하다 말고 하늘이를 보았다.

"너는?"

"아, 깜빡했다."

하늘이가 머리를 긁적이자, 할아버지가 이맛살을 찌푸리며 말했다.

"흠, 이것들이 안 되겠군."

'안 되긴요, 우린 끄떡없다고요. 할아버지가 안됐지.'

세린이는 느긋하게 휘파람을 불었다. 이모가 온다고 생각하니 마음이 든든했다.

할아버지가 "흠." 하고 한숨을 쉬더니 비닐하우스에 들어가서 작은 플라스틱 통을 꺼내왔다. 플라스틱 통에는 밥풀떼기, 감자 껍질, 당근 부스러기 같은 음식 찌꺼기들이 들어 있었다.

"여기 봐. 이렇게 물기를 빼서 가져오면 되는 거야. 조금만 신경 쓰면 충분히 할 수 있잖아!"

세린이가 고개를 흔들었다.

"할아버지는 어른이니까 그렇죠, 우린 못해요."

"아니, 할 수 있어. 이것도 너희 또래 어린이가 가져왔는걸."

할아버지가 플라스틱 뚜껑을 보여 주었다. 뚜껑에는 〈마성초등학교 3학년 이수진〉이라는 스티커가 붙어 있었다.

"수진이는 누가 시키지 않아도 이렇게 자진해서 음식 쓰레기를 모아 온단다."

"왜요?"

"쓰레기를 스스로 처리해야 한다는 걸 아는 거지. 이렇게 음식 쓰레기를 모아 지렁이를 기르면 신선한 땅을 얻을 수 있을 뿐 아니라, 쓰레기 매립지에 버려지는 쓰레기 양을 줄일 수 있다는 걸 내가 가르쳐 주었거든."

"피."

세린이가 바람 빠지는 듯한 소리를 내자, 할아버지가 다시 말했다.

"수진이도 이 일이 좋기만 하지는 않을 거야. 음식 쓰레기는 냄새도 나고 깨끗하지도 않으니까, 손으로 만지기도 싫겠지. 하지만 보람이 커서 계속하는 거야. 수진이는 작년에 나랑 같이 분변토에서 호박을 키워 봤거든."

'흥, 잘난 척쟁이! 그런 말에 넘어갈 줄 아세요?'

세린이는 할아버지 말을 한 귀로 듣고 한 귀로 흘렸다. 할아버지가 "두고 보면 알겠지." 하더니 나무 주걱 같은 걸 가져와 시범을 보였다.

"자, 잘 봐. 지렁이 밥은 이렇게 주는 거야."

할아버지는 지렁이들이 든 나무 상자를 살살 파헤친 다음, 음식 쓰레기를 넣고 다시 덮었다.

"끝이 날카로운 것은 지렁이들이 다칠 위험이 있어서 안 돼. 이렇게 둥근 걸로 살살 해야지. 어때? 할 수 있겠지?"

할아버지가 세린이와 하늘이를 돌아봤다. 하늘이는 고개를 끄덕이며 나무 주걱을 받아 들었다. 하지만 세린이는 고개를

살래살래 흔들었다. 지렁이에게 밥을 주다니, 하늘이 무너져도 그런 일은 못 한다. 지렁이는 최악 중의 최악이다.

그때였다. 찰칵찰칵, 사진 찍는 소리가 나더니 언제 왔는지 이모가 눈을 번뜩이며 농장 이곳저곳을 찍고 있었다. 농장의 일이라면 개미 한 마리도 놓치지 않겠다는 듯, 눈을 크게 뜨고 주의 깊게 살폈다.

'아자! 이모, 힘내!'

이모를 본 할아버지 얼굴이 뻣뻣하게 굳었다.

'흠, 그럴 줄 알았지. 이깟 일이 무슨 소용이람. 이제 책을 내놓지 않고는 못 배길 테지? 그럼 난 이곳을 떠날 테고.'

지렁이 밥 때문에 혼나고 화났던 마음은 눈 녹듯 사라졌다. 콧노래가 절로 났다.

세린이는 느긋한 마음으로 감자밭을 둘러봤다. 다시 오지 않을 거라 생각하니, 애써 심은 감자가 조금 아쉽기는 했다.

'곧 싹이 날 텐데……, 태어나서 처음으로 심은 감자인데……. 하지만 뭐, 어쩌겠어. 큰일을 위해 작은 일을 포기하

는 수밖에.'

그런데 어째 일이 좀 이상하게 돌아갔다. 이모가 명함을 건네자, 할아버지도 주머니에서 명함을 꺼내 이모에게 건넸다.

'어, 할아버지에게도 명함이 있네?' 하는 생각이 드는 것과 동시에 명함을 들여다본 이모가 허리를 90도로 숙였다.

"아, 그럼 어르신께서 바로 그 유명한 지렁이 박사, 오달구 선생님?"

'지렁이 박사, 오달구 선생님? 처음 들어 보는데…….'

세린이는 눈썹을 가운데로 모으며 할아버지를 지켜봤다. 할아버지는 보일 듯 말 듯 미소를 지으면서 천천히 고개를 끄덕였다.

"그렇소만, 무슨 일이신지…….'

"이곳이 지렁이 농장이라는 말을 듣고도 설마 했는데 정말이었군요. 선생님의 연구가 다윈의 뒤를 이은 지렁이 연구라고 칭찬이 자자하던데, 이곳에서 뵙게 될 줄은 꿈에도 몰랐어요. 선생님, 이렇게 뵙게 돼서 정말 영광입니다."

이모는 마치 생명의 은인이라도 만난 듯 허리를 숙여 인사하고 또 인사했다.

'이게 아닌데, 뭔가 잘못 돌아가는데?'

세린이는 이모와 할아버지를 번갈아 살폈다.

"나는 지금 중요한 실험 중이고 아직 실험이 끝나지 않았소. 실험 결과가 나올 때까지는 지역 신문이라도 이름이 오르내리지 않았으면 하오."

"그럼요, 선생님. 그건 걱정하지 마세요."

이모가 흔쾌히 대답하자, 할아버지가 말했다.

"나만을 위한 일이 아니고 우리 땅을 살리고 더 나아가서는 지구 환경을 지키는 일이에요. 약속 꼭 지켜 주세요."

'어머나, 세상에. 할아버지가 보통 할아버지가 아닌 모양이네! 그러면 안 되는데, 빨리 책을 찾아서 이곳을 떠나야 하는데……'

세린이는 급한 마음에 이모 옆구리를 콕콕 찔렀다.

"이모, 이모."

"잠깐만, 세린아. 지금 이모가 아주 중요한 이야기를 나누는 중이니까, 잠깐만 기다려."

이모는 책 같은 건 아예 잊은 것 같았다. 할아버지가 물뿌리개를 집어 들며 말했다.

"그럼, 잘 돌아가시오. 난 바빠서 이만."

"네, 선생님. 다음에 다시 찾아뵙겠습니다. 그때까지 안녕히 계십시오."

세린이는 뒤돌아서는 이모 팔을 잡아끌며 작은 소리로 속삭였다.

"이모, 책! 책 찾아 주기로 했잖아. 책을 잊으면 어떡해?"

이모는 그제야 생각이 났다는 듯이 할아버지를 보며 다시 허리를 숙였다.

"선생님, 이 녀석 좀 잘 부탁합니다. 아직 철이 없어서 지렁이라면 딱 질색하거든요. 크면서 차츰 좋아하겠지만, 저는 어릴 때 교육도 중요하다고 생각해요. 책은 연체가 좀 되더라도 괜찮으니 교육 좀 철저히 해 주십시오."

할아버지가 만족스러운 미소를 지으며 대답했다.

"그러리다. 걱정하지 말고 돌아가시오."

이모는 한쪽 눈을 찡긋하며 총총걸음으로 사라졌다.

"집에서 보자."

세린이는 두 손으로 세차게 부채질을 했다.

'후, 세상에나! 이모가 되어서 도와주기는커녕 할아버지 편을 드네.'

입술이 바싹바싹 타는 세린이와 달리, 할아버지는 여유 만만했다.

"내일부터는 학교 끝나고 집에 꼭 들러서 음식 쓰레기를 가져와야 한다. 안 그러면 지렁이가 배고파. 알았지?"

하늘이는 속 좋게 대답했다.

"네."

세린이는 뒤도 안 돌아보고 지렁이 농장을 나섰다.

'그렇게 할아버지 마음대로는 안 될걸요!'

과학자들의 지렁이 사랑

지구 역사상 지렁이만큼 중요한 역할을 해낸 동물은 없을 거야. 가장 가치 있는 생물이지.

비록 겉으로는 보잘 것 없어 보이지만, 만약 지구상에서 지렁이가 없어진다면 모두가 크게 슬퍼할 거야. — 길버트 화이트

지렁이는 아주 중요한 동물이며 훌륭한 일을 많이 하지. 지렁이는 '지구의 창자'라고 할 수 있어.

— 찰스 다윈 / 아리스토텔레스

못생긴 지렁이가 사랑받는 이유

 지렁이는 땅속을 휘젓고 다니면서 흙을 잘 섞어 주지. 그러면 식물들은 흙 속에 들어 있는 영양분을 골고루 흡수할 수 있다고!

 지렁이가 만드는 작은 구멍은 흙에 공기가 잘 통하게 하고, 물이 잘 스며들게 하지. 식물의 뿌리는 공기와 물을 쉽게 빨아들일 수 있어서 튼튼하게 자랄 거야.

 지렁이는 나뭇잎과 썩어 가는 물질을 구멍으로 끌고 들어가지. 이것들이 썩어서 거름이 되고, 식물 뿌리에 흡수되는 거야.

 지렁이가 눈 똥인 분변토에는 질소와 황, 칼슘 등의 영양소가 들어 있어. 이 분변토를 거름으로 사용하면, 식물이 잘 자라고 병충해가 거의 없지.

 따라서 지렁이가 많이 살고 있는 땅은 기름지고 식물이 잘 자라는 거지. 땅속에 살아서 쉽게 눈에 띄지 않지만, 지렁이는 땅을 숨 쉬게 하고 식물들이 자라는 데 큰 도움을 주지.

 역시 지렁이는 지구인 모두에게 사랑받아 마땅한 생물이야!

감자 싹을 끌어올린 분변토

"으악, 이, 이게 뭐야?"

세린이는 지렁이 상자를 들여다보고 깜짝 놀라 뒤로 물러섰다. 하늘이의 지렁이 상자는 깨끗한데, 세린이의 지렁이 상자에서는 난리가 났다. 지렁이들이 흙 밖으로 기어 나와 꿈틀대고, 음식 쓰레기에서는 하얀 실벌레와 구더기들이 기어 다녔다. 주위에는 파리와 날벌레들이 윙윙거리며 날아다녔다.

"윽, 징그러워."

입과 코를 막는 세린이 곁으로 할아버지가 다가왔다.

"징그러워? 이럴 줄 모르고 음식 쓰레기를 들이부었어?"

"네?"

세린이는 당황해서 얼굴이 빨개졌다.

'어떻게 아셨지?'

사실, 세린이도 속으로 걱정하긴 했다.

일을 벌인 건, 며칠 전이었다. 세린이 집에 친척들이 모였다. 엄마는 여러 음식을 만들었고, 음식 쓰레기가 많이 나왔다. 바쁜 엄마가 세린이에게 음식 쓰레기를 갖다 버리라고 심부름을 시켰다. 세린이는 좀 귀찮기는 했지만, 이때다, 하는 심정

으로 농장까지 가서 음식 쓰레기를 지렁이 상자에 갖다 부어 버렸다.

"흥, 쓰레기를 먹고산다고? 어디 한번 맘껏 먹어 보시지."

그러고는 농장에 발길을 뚝 끊었다. 그런데 도서관에서 연락이 왔다.

〈빌린 책은 반납 날짜를 꼭 지켜 주시기 바랍니다.〉

세린이는 할 수 없이 무거운 발걸음으로 농장에 온 참이었다. 두 손 놓고 앉아서 기다릴 수 없어서였다.

'그런데 하필 지렁이 상자에서 반란이 일어날 게 뭐람. 괜히 왔어. 이런 꼴을 보게 될 줄 알았으면 오지 않았을 텐데……'

후회하는 세린이 얼굴을 보며 할아버지가 굳은 표정으로 말했다.

"우선 음식 쓰레기부터 치우고 지렁이는 흙 속에 묻어 줘."

세린이는 고개를 흔들며 고집스럽게 말했다.

"책 돌려주세요."

할아버지가 표정을 일그러뜨리며 말했다.

"이거 안 되겠는걸. 도서관 책이라 해서 나도 봐주려고 했는데, 그래서는 안 되겠어."

세린이 눈에 눈물이 핑 돌았다.

'이제는 정말 책을 포기해야 하나? 그럼 어떻게 되지? 책을 훔친 도둑이 되는 건가?'

걱정이 해일처럼 밀려왔지만, 마음을 굳혔다.

'그래도 할아버지한테 당하고 있는 것보다는 나아. 그 어떤 일도 지렁이를 기르는 것보다는 낫다고. 솔직하게 말하면 사서 선생님도 이해해 줄지 몰라.'

세린이가 마음을 다잡는데 하늘이 목소리가 들렸다.

"어, 세린이 감자밭에 싹이 났네."

세린이는 고개를 들어 감자밭을 봤다. 황토색 밭에서 뾰족뾰족 새싹이 돋아나고 있었다. 하늘이가 고개를 갸웃하며 말했다.

"근데, 왜 내 감자는 싹이 안 나지?"

세린이는 고개를 들어 하늘이가 심은 감자밭을 살폈다. 하늘이 말대로 하늘이 감자밭에는 싹이 돋지 않았다. 처음 감자를 심을 때와 똑같이 거무스름한 색이었다. 할아버지가 세린이를 보고 소리쳤다.

"어서 와서 음식 쓰레기부터 치우지 못해?"

세린이가 지렁이 상자를 심각하게 바라보다, 할아버지 쪽으로 고개를 돌리고 따지듯이 물었다.

"할아버지는 하늘이 감자밭을 보고도 그런 말이 나오세요?"

"하늘이 감자밭이 왜?"

"지렁이 똥 속에서 감자 조각이 썩어 버렸잖아요."

어, 세린이 감자밭에 싹이 났네!

근데, 왜 내 감자는 싹이 안 나지?

"뭐야?"

할아버지 얼굴이 붉으락푸르락했다. 세린이가 의기양양해서 말했다.

"여기 보세요. 제가 심은 건 싹이 다 나왔는데, 하늘이가 심은 건 안 나왔잖아요. 똑같이 심었는데 이유가 뭐겠어요? 지렁이 똥 탓이지."

할아버지가 말도 안 되는 소리 집어치우란 듯이 감자밭으로 성큼성큼 다가왔다. 하늘이가 얼굴을 잔뜩 찡그리며 걱정스레 물었다.

"할아버지, 그건 아니죠? 세린이가 알지도 못하면서 괜히 하는 말이죠?"

할아버지가 평소와 달리, 자신 없는 목소리로 중얼거렸다.

"글쎄다. 안 나올 리가 없는데, 무슨 일일까?"

"그런 말이 어디 있어요? 저는 할아버지가 하라는 대로 다 했는데 싹이 안 나고, 말도 안 듣는 세린이는 싹이 나고. 이건 너무 불공평하잖아요. 지렁이 똥 때문이라면 할아버지가 책임

지세요."

하늘이 목소리가 점점 커지자, 할아버지가 "흡." 하고 숨을 들이마시더니 "안 되겠다." 하면서 감자밭을 팠다. 할아버지 손에 하늘이가 심은 감자 조각이 잡혔다.

"어, 아직 살아 있는데?"

할아버지는 이리저리 살피던 감자 조각을 얼른 흙 속에 묻었다.

"이상하다. 감자 싹이 살아 있는데, 왜 아직 싹이 안 올라올까?"

세린이가 나섰다.

"제 말이 맞아요. 감자 조각이 지렁이 똥 때문에 썩어 버린 거예요. 그러니까 지렁이 같은 건 절대 키울 필요가 없다니까요."

"과연 그럴까?"

할아버지가 다시 한 번 흙을 파헤쳤다. 하지만 이번에는 감자 조각을 들어내지 않고 땅에 묻어 둔 채로 조심스럽게 살펴

보았다.

"분명히 뭔가가 있을 텐데……."

한참을 들여다보던 할아버지가 "아하!" 하면서 감탄의 소리를 냈다.

"아이고, 우리 하늘이가 감자 조각을 거꾸로 심었구나."

"네?"

하늘이가 깜짝 놀라 되물었다.

"이것 봐라. 싹이 위로 올라와야 하는데 아래로 가게 심었어. 모두 이렇게 심었니?"

"네."

하늘이가 감자 조각을 들여다보며 안타까운 소리를 냈다.

"아, 이런 실수를 하다니! 내가 왜 그랬지? 할아버지, 어떡하죠? 감자 조각을 꺼내서 다시 심어야 하나요?"

"그럴 수는 없고."

할아버지는 한참 뜸을 들이더니 말했다.

"감자와 땅을 믿어 보자꾸나. 조금 힘들기는 하겠지만, 틀림

없이 땅을 뚫고 올라올 게다. 지렁이 똥이 힘을 북돋워 줄 거야."

하늘이 얼굴이 시무룩해졌다.

"감자 싹이 나기만을 기다렸는데……. 내가 왜 감자를 거꾸로 뒤집어 심었을까?"

세린이가 밝은 목소리로 말했다.

"내 감자가 잘 자라면 조금 나눠 줄게. 지렁이 똥보다는 나를 믿는 게 나을 거야."

세린이는 정말 그러길 바랐다. 지렁이 똥이 땅을 살리지 못한다면 지렁이 농장은 쓸모없는 거고 할아버지의 실험도 끝나는 거다. 실패한 할아버지는 책을 돌려줄 거고 세린이의 고생도 끝날 테니!

세린이는 아직 책을 찾은 건 아니지만, 기분이 꽤 좋았다. 감자 싹 덕분에 벌도 안 받고 얼렁뚱땅 넘어가게 되었다.

"감자에 싹이 나서 잎이 나서 싹싹싹……."

세린이는 콧노래를 부르며 농장을 나섰다. 할아버지는 더

이상 화내지 않고 엉망진창이 된 지렁이 상자를 손수 치웠다.

"땅을 살리는 것과 좋아하는 건, 별개의 문제로군. 세린이가 지렁이를 좋아하게 만드는 건, 낙타가 바늘구멍에 들어가는 것만큼이나 어려운 일이겠어."

그런데 감자밭은 일주일 만에 역전이 되었다. 뒤늦게 싹을 틔운 하늘이 감자가 무럭무럭 자라나기 시작했다. 세린이 감자밭이 연둣빛이라면 하늘이 감자밭은 진초록색이었다. 누구 감자가 튼튼한지는 세 살 먹은 어린애라도 알아볼 정도로 차이가 났다.

'아이, 참. 이게 무슨 일이람!'

세린이는 하늘이 감자밭이 샘났다. 할 수만 있다면, 감자밭을 바꾸고 싶을 정도였다.
　　'하늘이 감자는 줄기가 튼튼하니까, 알도 엄청나게 굵겠지? 내 감자는 새알만큼 작고? 그러면 안 되는데!'
　　정말이지, 지렁이 똥이 그렇게 큰 역할을 할지는 몰랐다. 지렁이 똥이 거름이 된다는 건, 그냥 책에 나온 말이거나 말하기 좋아하는 사람들이 떠드는 소리라고 생각했다. 세린이와는 아무 상관도 없는 딴 세상 이야기로만 들었다. 그러나 〈1-1〉과 〈1-2〉 감자밭을 비교해서 보는 순간, 인정하지 않을 수 없었다. 지렁이 똥은 거름이다! 그것도 엄청나게 힘센 거름.

'어떡하지? 내 손으로 분변토를 뿌릴 수도 없고.'

세린이는 발을 동동 구르다 주위를 살피며 할아버지가 모아 둔 분변토를 몇 움큼 훔쳤다.

"감자야, 미안. 우선은 이거라도 먹고 힘내. 조금만 기다리면 내가 분변토 많이 뿌려 줄게."

할아버지의 지렁이 강의

지렁이가 많이 사는 흙에서는 농작물이 잘 자란다!

할아버지, 지렁이가 사는 흙에서는 농사가 더 잘 되나요?

지렁이는 땅속을 휘젓고 다니면서 토양을 잘 섞어 식물이 영양분을 쉽게 흡수할 수 있도록 도와준단다.

지렁이 분변토만 좋은 게 아니었군요! 지렁이가 있는 것 자체가 아주 이로운 거군요!

그렇지. 지렁이가 판 굴은 물과 공기를 흙과 잘 섞이게 하고, 식물 뿌리로 쉽게 가게 해 주지. 지렁이는 나뭇잎과 썩어 가는 물질을 굴속으로 끌고 들어가는데, 이것들은 거름이 되어 식물 뿌리에 흡수된단다.

지렁이는 정말 좋은 동물인 것 같아요!

지렁이를 키우면 좋은 점

하나 스스로 음식물 쓰레기를 처리할 수 있다.

둘 쓰레기를 처리하는 비용을 줄일 수 있다.

셋 기름진 흙을 얻을 수 있다.

 집에서 기르는 지렁이에게는 어떤 먹이를 주나요?

 지렁이는 각종 음식물 찌꺼기를 먹는단다. 그러나 마늘이나 양파, 고기는 되도록 안 주는 게 좋아. 이런 음식은 분해될 때 고약한 냄새가 나거나 구더기가 생길 수 있기 때문이지.

음식물은 촉촉한 게 좋아. 하지만 물기가 너무 많아도 안 되고, 적어도 안 된단다.

지렁이는 먹이 양에 따라 번식력이 달라진단다. 먹을 게 풍부하면 알을 많이 낳지만, 부족하면 적게 낳지.

먹이는 적당히 줘야 해. 너무 많으면 썩어서 냄새가 나고, 적으면 지렁이가 튼튼하게 자랄 수 없지.

먹이는 흙을 조금 파내고 음식 쓰레기를 넣은 후, 다시 흙으로 덮어야 하지. 그래야 파리 등 벌레가 생기지 않고 냄새가 안 난단다.

 지렁이를 기를 때에는, 주의할 점들도 있지!

아, 촉촉해~

항상 흙이 촉촉해야 한단다. 흙이 마르거나 물기가 너무 많으면 곤란하지.

처음엔 안정이 필요해요

먹이는 나중에…

처음 지렁이를 기를 때는 안정이 필요해. 처음에는 물만 뿌려 주고, 3~4일 정도 지난 후에 음식 쓰레기를 주는 것이 좋단다.

음식 쓰레기는 다 먹은 다음에 또 주세요

음식 쓰레기가 남아 있으면, 다 먹을 때까지 기다렸다가 주도록 하자.

지렁이 똥은 힘이 세다

"짜잔!"

희주가 《미생물 탐정과 곰팡이 도난 사건》을 흔들었다.

"어? 너 그 책 어디서 났어?"

세린이 눈이 등잔만큼 커졌다. 희주가 우쭐거렸다.

"도서관에서 빌렸지. 근데 너, 반납하면 반납한다고 말을 해야지. 다른 친구가 빌려 갔으면 어쩔 뻔했어. 나도 빨리 읽고 싶었단 말이야."

"미안해. 하지만 난……."

"아니야. 미안할 건 없어. 어쨌든 이렇게 빌렸으니까."

희주는 책을 들고 깡충깡충 뛰었다. 책을 빌려서 무척이나 기분이 좋은 모양이었다. 세린이는 희주가 빌린 책을 몇 번이나 살피고 또 살펴보았다. 하지만 책만 보고는 세린이가 빌렸던 책인지 아닌지 알 수 없었다.

'할아버지가 책을 직접 반납했나? 그럴 리가 없는데…….'

세린이는 확인해 보려고 도서관에 들렀다. 사서 선생님은 반납함에 책이 들어 있었다며 연체가 아니라고 했다.

"왜? 뭐가 잘못됐니?"

"아, 아니요."

세린이는 우물쭈물 도서관을 나섰다. 아무래도 믿어지지 않았다. 그 책 때문에 2주일 동안 얼마나 마음을 졸였는데, 이렇게 싱겁게 끝날 줄은 몰랐다. 할아버지는 정말이지 못 말리는 골칫덩어리였다. 책을 뺏어서 숨겨 두고 지렁이와 식물을 기

비실 비실

르라는 말도 안 되는 임무를 주더니 아무 말도 없이 책을 반납해 버렸다.

'골탕을 먹이려고 작정했다 이거지?'

세린이는 생각할수록 억울하고 분해서 몸을 부르르 떨었다.

'분명히 하늘이에게 시켰을 거야. 할아버지가 어떻게 도서관까지 오셨겠어? 하늘이 녀석, 책을 반납해 놓고도 시치미를 뚝 떼고 모른 척했다는 거지? 어디 두고 보자!'

세린이는 씩씩거리며 하늘이를 찾아다니다가 결국 농장까지 가게 됐다. 하늘이는 감자밭을 자랑하려고 친구들까지 몰고 왔다.

"창제야! 정말 신기하지 않아?"

"그러게. 지렁이 똥이 땅에는 보약이다, 보약."

준기는 대놓고 불난 집에 부채질했다.

"세린이 감자는 비실이, 하늘이 감자는 튼튼이."

"이름 한번 끝내주는데? 야, 그러니까 너희도 나랑 같이 지

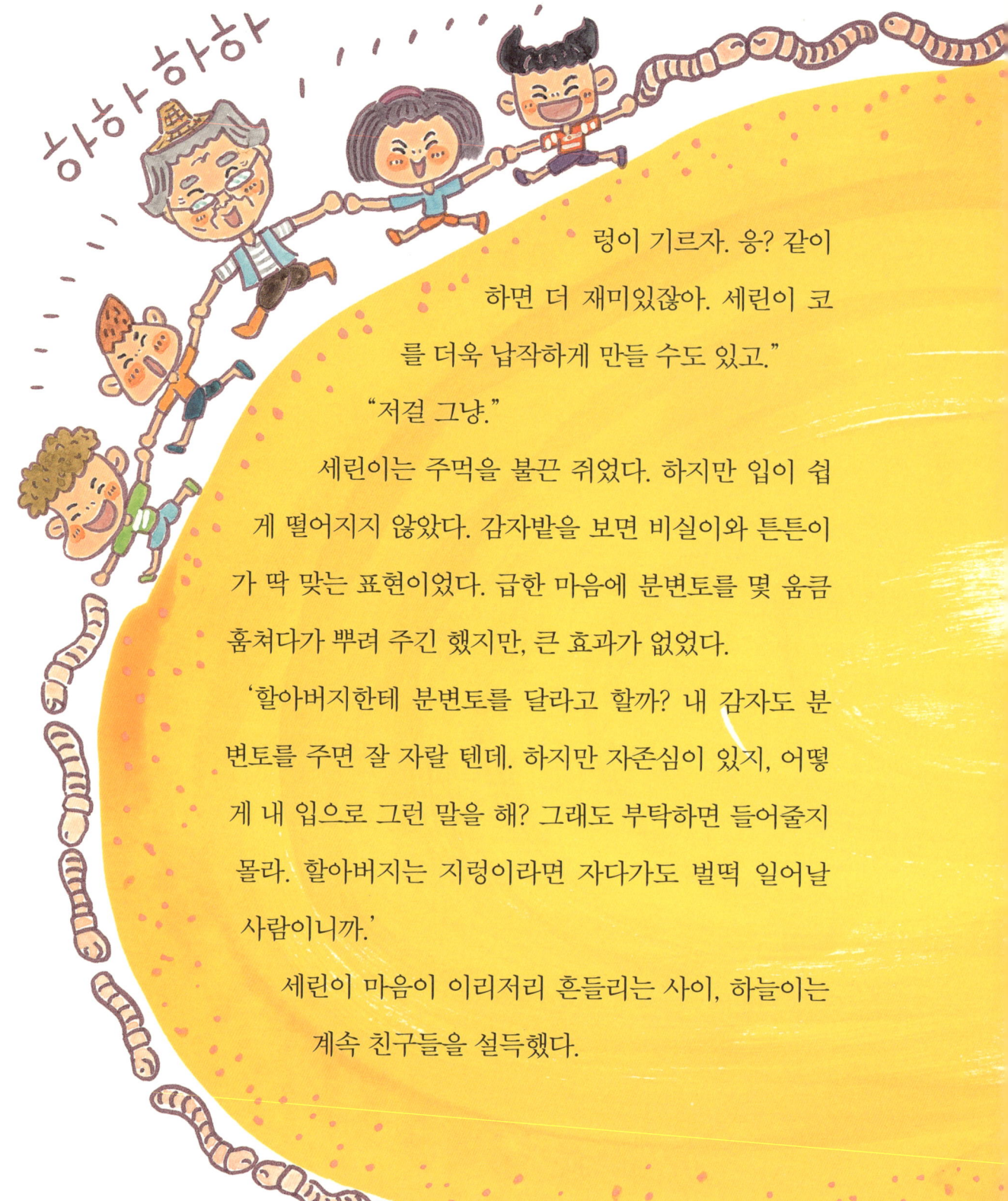

렁이 기르자. 응? 같이 하면 더 재미있잖아. 세린이 코를 더욱 납작하게 만들 수도 있고."

"저걸 그냥."

세린이는 주먹을 불끈 쥐었다. 하지만 입이 쉽게 떨어지지 않았다. 감자밭을 보면 비실이와 튼튼이가 딱 맞는 표현이었다. 급한 마음에 분변토를 몇 움큼 훔쳐다가 뿌려 주긴 했지만, 큰 효과가 없었다.

'할아버지한테 분변토를 달라고 할까? 내 감자도 분변토를 주면 잘 자랄 텐데. 하지만 자존심이 있지, 어떻게 내 입으로 그런 말을 해? 그래도 부탁하면 들어줄지 몰라. 할아버지는 지렁이라면 자다가도 벌떡 일어날 사람이니까.'

세린이 마음이 이리저리 흔들리는 사이, 하늘이는 계속 친구들을 설득했다.

"야, 우리 같이 키우자. 처음에만 조금 징그럽지, 지렁이도 자주 보면 귀여워. 할아버지도 좋아하실 거야. 응?"

준기와 창제가 마음을 굳힌 듯 고개를 끄덕이자, 하늘이는 상자부터 준비했다. 할아버지는 기다렸다는 듯이 지렁이를 분양해 주고 뜻밖의 제안을 했다.

"내가 분변토를 나눠 줄 테니, 각자 기르고 싶은 식물들을 길러 볼 테냐? 지렁이 먹이 주러 올 때마다 물도 주고 자라는 것도 보면, 좋은 공부가 될 거야."

"이야!"

준기와 창제가 좋아서 펄쩍펄쩍 뛰자, 희주가 쭈뼛쭈뼛 할아버지 앞으로 다가가더니 어렵게 입을 열었다.

"할아버지, 저도 식물 길러도 돼요?"

"그럼 되고말고. 물론 네 지렁이도 기를 생각이겠지?"

"네. 필요하면 지렁이도

기를게요."

'오, 이런. 귀신이 곡할 노릇이군.'

세린이는 희주를 다시 봤다.

'징그럽다고 난리 칠 땐 언제고, 기르겠다고 나서는 건 또 뭐람.'

하늘이는 희주가 할아버지한테 지렁이 분양 받는 걸 도왔다. 이제는 그렇게 징그럽지도 않다는 듯이 고무장갑 낀 손으로 아무렇지도 않게 지렁이들을 들어 옮겼다. 할아버지는 그 어느 때보다 친절했다.

"음, 좋아. 이제 좀 지렁이를 다룰 줄 아는군."

'체, 나만 빼고 모두 좋단 말이지?'

세린이는 팩 토라져서 뒤돌아섰다. 창제와 준기, 희주는 지렁이 상자에 물을 뿌리며 키득거렸다. 셋은 죽이 척척 맞았다.

"잘 먹고 잘 싸야 한다."

창제 말에, 준기가 히죽거리며 한마디를 보탰다.

"이 형아가 먹을 것은 듬뿍 갖다 줄 테니까, 많이 먹고 많이 싸라."

희주가 깔깔대며 웃었다.

"야, 누가 들으면 지렁이가 네 동생인 줄 알겠다. 아주 지렁이랑 의형제라도 맺을 태세네."

세린이는 질투가 났다.

'지렁이를 키우기 시작한 건 내가 먼저거든. 그러니까 내가 선배지!'

친구들을 향해 입을 삐죽이는데, 할아버지가 세린이를 따로 불렀다.

"세린아, 네 지렁이는 굶어도 괜찮니?"

"아니요."

순간적으로 대답이 튀어나왔다. 그런데 대답을 하고 나니 정신이 번쩍 들었다. 이대로 가고 싶지 않았다. 그동안 미워하긴 했지만, 내 지렁이였다. 내가 기르는 지렁이, 분변토로 땅을 기름지게 해 주는 지렁이!

세린이는 못 이기는 척 뒤돌아서서 새침하게 말했다.

"내 지렁이가 왜 굶어요? 전 지금 지렁이 밥 가지러 가는 길이거든요."

하늘이 삼총사가 "에이~" 하며 야유를 보냈다.

"설마? 강세린, 네가?"

"그래! 이 세상 사람이 다 키워도 강세린, 너는 지렁이 못 키우지."

"맞아! 지렁이는 세린이와 안 어울려."

세린이는 머리카락을 쓸어 올리며 거만하게 말했다.

"그래, 내가 지렁이하고 좀 안 어울리긴 하지. 하지만 안 어울리는 것하고 못하는 건 다르잖아? 두고 보렴. 내 지렁이가 가장 잘 자랄 테니."

친구들이 "정말?" 하는 표정을 지었다. 세린이는 보란 듯이 물뿌리개를 들어 지렁이 상자에 물을 뿌렸다. 바짝 말라 있던 흙속으로 물이 쏙쏙 스며들었다.

'잘 먹고 잘 싸야 한다. 기름진 분변토도 듬뿍듬뿍 만들어 내고! 알았지?'

지렁이에게 말을 걸다 보니, 자신감이 생겼다.

'숨을 쉬기 힘들면 잠깐 밖으로 나와도 괜찮아. 이젠 예전처럼 미워하지 않을 거야. 하지만 오래 머무는 건 안 돼. 오늘처럼 햇빛이 쨍쨍한 날엔 물기가 금방 말라 버리니까, 건강에 안 좋아.'

세린이 얼굴에 웃음이 감도는 걸 보고 하늘이가 놀랐다.

"우아, 세린이가 지렁이에게 물을 주다니, 내일은 해가 서쪽에서 뜨겠다."

"뭐야?"

세린이가 물뿌리개를 내려놓자, 하늘이 삼총사가 지레 겁을

먹고 도망쳤다.

"으악! 그, 그러니까 지, 지렁이 잘 길러 보자고!"

세린이가 삼총사를 쫓으며 소리쳤다.

"너희들 거기 서. 물어볼 게 있단 말이야.《미생물 탐정과 곰팡이 도난 사건》, 하늘이 네가 반납한 거 맞지?"

할아버지가 그 모습을 보며 빙그레 웃었다.

"흠, 이제야 확인한 모양이군. 어쨌거나 그 책 덕분에 지렁이를 기르게 되었으니, 잘된 일이지 뭐야."

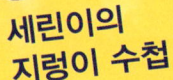
세린이의 지렁이 수첩

지렁이가 사는 법

분변토를 훔치지 않고 하늘이의 감자보다 내 감자를 더 크게 만들려면, 지렁이에 대해 좀 더 알아야겠어!

지렁이의 역사
처음 지구에 나타난 것은 공룡 시대다.

지렁이가 제일 잘하는 일
먹고 싸는 일! 킥킥!

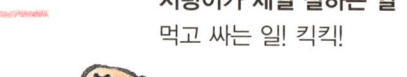

놀라운 사실
지렁이 똥은 식물에 가장 영양 많고 맛있는 식량이다.

지렁이의 여행
지렁이는 하룻밤에 무려 3km가 넘는 거리를 여행한다. 먹이를 찾아서 그곳에 알 주머니를 낳고 또다시 먹이를 찾아 떠난다.

지렁이의 몸
지렁이의 몸은 '자웅동체'로, 수컷인 동시에 암컷이다. 그래서 짝짓기를 하면 두 마리 다 임신을 하고 알 주머니를 낳는다.

지렁이의 알
알을 깨고 나오는 데는, 보통 2주일에서 5주일이 걸린다.

지렁이 몸에 대한 궁금증

할아버지, 지렁이는 몸이 부드러운데, 왜 억센 털이 있어요?

억센 털은 지렁이가 몸을 움직이는 걸 도와주지. 그리고 새가 땅속에서 지렁이를 끄집어내는 것을 막아 주기도 한단다.

와! 그러니까 억센 털이 몸을 보호하는 거구나. 그럼 '환대'도 역할이 있나요?

그렇지. 환대는 지렁이의 몸길이 방향으로 움직이는 띠인데, 수정된 알들을 그 위에 집어 올린단다.

지렁이 몸을 아주 단순하게만 봤는데 그게 아니네요.

맞아. 단순한 것 같지만 신비롭지. 꼬리를 자르면 새로운 꼬리가 자라나는걸.

그건 도마뱀과 똑같네요. 지렁이는 알면 알수록 신기해요.

지렁이의 음식물 쓰레기 소화법

지렁이의 긴 소화관에는 단단하고 근육이 잘 발달한 모래주머니가 있다. 지렁이는 이 모래주머니 속의 모래 알갱이들을 맷돌처럼 사용하여 삼킨 흙이나 음식물 쓰레기들을 잘게 부순다.

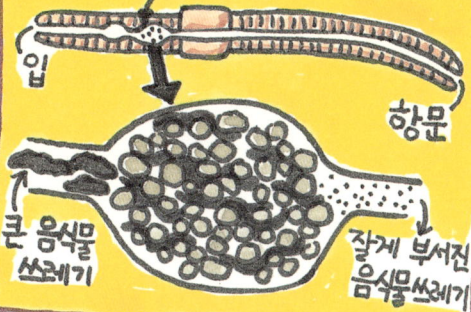

국립중앙도서관 출판예정도서목록(CIP)

지렁이 똥을 훔쳐라 / 글: 김은의 ; 그림: 유설화. — 고양 : 위즈
덤하우스 미디어그룹, 2014
  p. ;   cm. — (비호감이 호감 되는 생활과학 ; 07)

ISBN 978-89-6247-431-2 74400 : ₩9800
ISBN 978-89-6247-344-5(세트) 74400

빈모강[貧毛綱]
493-KDC5   CIP2014014806

비호감이 호감 되는 생활과학 07
지렁이 똥을 훔쳐라

초판 1쇄 발행 2014년 5월 25일   **초판 9쇄 발행** 2019년 3월 30일

글 김은의   **그림** 유설화   **펴낸이** 연준혁   **아동출판 부문 대표** 신미희
출판 5분사 분사장 김문주   **편집** 김숙영
펴낸곳 (주)위즈덤하우스 미디어그룹   **출판등록** 2000년 5월 23일 제13-1071호
제조국 대한민국   **주소** 경기도 고양시 일산동구 정발산로 43-20 센트럴프라자 6층
전화 (031)936-4000   **팩스** (031)903-3891   **전자우편** scola@wisdomhouse.co.kr
홈페이지 www.wisdomhouse.co.kr

ⓒ 김은의, 2014
ISBN 978-89-6247-431-2 74400
ISBN 978-89-6247-344-5(세트)

이 책은 저작권법에 따라 보호받는 저작물이므로 무단전재와 무단복제를 금지하며,
이 책 내용의 전부 또는 일부를 이용하려면 반드시 저작권자와 (주)위즈덤하우스 미디어그룹의 동의를 받아야 합니다.
＊인쇄·제작 및 유통상의 파본 도서는 구입하신 서점에서 바꿔드립니다.   ＊이 책의 사용 연령은 8~13세입니다.